ABeCedario de

PROFESIONES
Y
OFICIOS

BRICKHOUSE
EDUCATION

Managing Editor: Priscilla Colón
Editors: Cliff Clark, David Mallick
Designer: Ricardo Potes

Published in the United States by BrickHouse Education
BrickHouse Education is a division of Cambridge BrickHouse, Inc.

Cambridge BrickHouse, Inc.
60 Island Street
Lawrence, MA 01840
U.S.A.

Library of Congress Cataloging-in-Publication Data

Canetti, Yanitzia, 1967-
  [ABCs of jobs. Spanish.]
  Abecedario de profesiones y oficios / Yanitzia Canetti. -- 1st ed.
      p. cm.
  Summary: In brief, rhyming verses that introduce the letters of the
  alphabet, children imagine their future careers as an astronaut, a lifeguard,
  a xylophonist, and others.
  ISBN 978-1-59835-122-4 (alk. paper)
  [1. Stories in rhyme. 2. Occupations--Fiction. 3. Alphabet. 4. Spanish
  language materials.] I. Title.

PZ74.3.C245 2009
[E]--dc22

                                                2009049452

First Edition
Printed in Singapore
10 9 8 7 6 5 4 3 2 1

ABeCedario de PROFESIONES Y OFICIOS

Yanitzia Canetti

A a

Yo quiero ser **astronauta**,
por las alturas andar.
Quiero arribar a la Luna,
y una estrellita atrapar.

B b

Búscame en mi barrio.
Me llamo Beni Botero.
Me porto bastante bien.
¡Un día seré **bombero**!

C c
(sonido *k*)

Me llamo Catalina.
Yo seré **carpintera**.
Clavo con cuidado
mi casita de madera.

C c
(sonido s)

Yo quiero ser **cirujano**.
Me llamo Ciro Cintrón.
Necesito ser preciso
en una operación.

Ch ch

¡Mira a este chiquitito!
¡Mira qué chulo se ve!
Le gusta mucho ser **chef**,
¡pero es tan solo un bebé!

D d

Dime, ¿tienes dolores?
Mucho gusto, yo soy Dora.
Te daré una medicina
el día que sea **doctora**.

E e

Quiero ser **explorador**
y algo extraño encontrar.
Yo me llamo Eduardo,
¡y me encanta explorar!

F f

Yo quiero ser **fotógrafa**.
Tomo fotos fabulosas,
fenomenales, fantásticas.
¡Mis fotos serán famosas!

G g
(sonido g)

Me llamo Gustavo Gómez. Me gustaría ser **granjero**, guiar el tractor de Papá y guardarlo en el granero.

G g

(sonido *j*)

Me llamo Georgina Gil.
Me encanta la geografía.
Quiero girar por el mundo
y ser **geógrafa** algún día.

H h

Hola, soy Heli Hernández.
Papá hace herraduras.
También quiero ser **herrero**,
pero yo haré cerraduras.

14

I i

Yo quiero ser **ingeniera**.
Me llamo Isabel Infante.
Intentaré hacer puentes
ingeniosos e importantes.

J j

Soy Jimena Jiménez.
Doy con el mazo en la mesa.
Trato siempre de ser justa.
¡Algún día seré **jueza**!

K k

Yo corro un kilómetro.
Peso veinte kilogramos.
¡Seré un día **karateca**!
Katia Kasán yo me llamo.

Leo un escrito largo para hacer mi labor. Yo leo lentamente. ¡Quiero ser **locutor**!

Me llamo Lleni Tello.
Quisiera ser **maquillista**.
Llevo maquillaje llamativo
para maquillar a los artistas.

M m

—Muñecos, miren aquí.
Me llamo Mario Medrano.
Soy **maestro** como Mamá.
Deben levantar la mano.

20

N n

Yo practico natación.
Seré un día **nadadora**.
Nadaré nueve piscinas.
No lo olvides, yo soy Nora.

Ññ

Me llamo Ñico Núñez.
Soy un niño pequeño.
Me gusta ser **albañil**
y trabajar con empeño.

Me llamo Oriana.
Quiero ser **oculista**.
Te observaré bien.
¡Mejoraré tu vista!

P p

¡Píntame, píntame!
Seré Pati la **payasa**.
Pero primero practicaré
con mis papás en casa.

Q q

Quiero mezclar líquidos.
¡**Química** quiero ser!
¿Qué quiero descubrir?
¿Quién quiere saber?

R r

—Yo quiero ser **reportero**
y dar rápido la información
—reportó Roberto Roldán
desde esta redacción.

S s

Mi mamá es secretaria y sigue a su superior. Seré un día **secretario**. ¡Seguro seré el mejor!

T t

En el trabajo de mi tío,
todos me tratan bien.
Él es técnico en rayos X.
¡Seré **técnico** también!

U u

Yo seré un día **universitaria**.
Estudiaré algo de utilidad.
Yo usaré un uniforme así
el último día de universidad.

V v

Quiero ser **veterinaria**.
Me llamo Vivi Valdés.
Vacunaré a las vacas
de la granja alguna vez.

W w

Me llamo Willy Wilson.
Soy un buen deportista.
Yo vivo en Watertown
y quiero ser **windsurfista**.

X x

Me llamo Alexandra.
Mi papá es buen taxista.
Yo prefiero el xilófono.
¡Seré **xilofonista**!

Y y

Yo soy Yamil Yáñez
y ya sé algo de yudo.
Yo seré un día un **yudoca**
muy fuerte, valiente y rudo.

Z z

Yo quiero ser **zapatero**
para arreglar zapatones.
A los zapatos de Papá,
¡ya les zafé los cordones!

Palabras nuevas

atrapar	conseguir, alcanzar algo o a alguien que huye
barrio	comunidad, grupo de casas donde vives
cerraduras	objetos de metal que sirven para cerrar las puertas
chulo	tierno, gracioso, bonito
clavo	una pieza de metal, larga y picuda que une pedazos de madera
cordones	cuerdas para atar los zapatos
deportista	una persona que practica muchos deportes o hace ejercicio
empeño	esfuerzo, persistencia
explorar	investigar o estudiar un lugar para descubrir algo
fenomenales	muy buenas, sorprendentes
geografía	ciencia en la que se estudia la superficie del planeta Tierra
granero	lugar donde se guardan los granos, como el trigo
ingeniosos	imaginativos, geniales
kilómetro	mil metros, que equivalen a casi 11 Estatuas de la Libertad
labor	trabajo
levantar	mover algo hacia arriba, cargar algo
líquidos	sustancias que cambian de forma fácilmente, como el agua
maquillaje	cosméticos que se usan en la cara para lucir diferente
mazo	martillo de madera que usan los jueces
medicina	las pastillas o el jarabe que tomas cuando estás enfermo
piscinas	estanques con agua donde se puede nadar
practicaré	repetiré una actividad varias veces para hacerla mejor
preciso	exacto, que hace algo muy bien
rayos X	máquina que sirve para tomar fotografías de tus huesos
redacción	oficina donde se escriben las noticias
superior	la persona a la que debes obedecer en un trabajo
taxista	alguien que maneja un taxi
uniforme	ropa que usa un grupo de personas, como los policías
vacunaré	te pondré una inyección para que no te enfermes
valiente	atrevido, que no tiene miedo
vista	el sentido que te permite ver a través de los ojos

¡QUÉ INTERESANTE!
(más datos acerca de los oficios y las profesiones de este libro)

ASTRONAUTA

Para ser astronauta necesitas estudiar aviación, matemáticas, física u otra ciencia. Además, es muy importante estar bien de salud. ¡Las naves espaciales tardan solo 8.5 minutos en llegar al espacio!

BOMBERO(A)

La mayoría de las veces, los bomberos atienden emergencias que no son incendios. Los bomberos ayudan a las personas. ¡Por eso los bomberos son héroes! En 1818, Molly Williams se convirtió en la primera bombera voluntaria.

CARPINTERO(A)

Los carpinteros construyen muebles, edificios, marcos para cuadros y muchas cosas de madera. Un carpintero debe conocer los tipos de madera y todas las herramientas que necesita para trabajar. También debe saber matemáticas.

CIRUJANO(A)

Hay muchos tipos de cirujanos. Algunos operan el corazón, el estómago e incluso el cerebro. Se necesita estudiar mucho para ser cirujano. ¡Los cirujanos estudian entre 11 y 17 años antes de poder operar!

CHEF

Para convertirte en chef te debe gustar mucho cocinar. Los chefs no solo trabajan en restaurantes. Hay chefs que preparan comida en los cruceros, los hospitales y las escuelas. ¡En la Casa Blanca trabajan cinco chefs de tiempo completo!

DOCTOR(A)

Si te gustan las ciencias y quieres ayudar a los demás, puedes ser doctor. Los doctores no solo curan enfermedades. Algunos investigan nuevas medicinas y tratamientos. En 1809, un doctor realizó la primera cirujía exitosa, ¡sin anestesia!

EXPLORADOR(A)

Los exploradores descubren cómo son los lugares lejanos y poco habitados para darlos a conocer a los demás. Para aprender a ser explorador, puedes unirte a los *Boy Scouts* o *Girl Scouts* de tu comunidad.

FOTÓGRAFO(A)

Si te gusta el arte y eres creativo, puedes ser fotógrafo. Los fotógrafos toman las fotos que ves en las revistas y los periódicos. ¡Las primeras fotos se tomaron hace más de 180 años!

GRANJERO(A)

Algunos granjeros siembran granos. Otros cuidan a las vacas que producen leche. Algunos crían los peces que comemos. Los granjeros saben mucho sobre animales y cultivos. Además, ¡se despiertan muy temprano todos los días!

GEÓGRAFO(A)

Los geógrafos estudian la superficie del planeta: las montañas, los ríos, los océanos y más. Los geógrafos también diseñan los mapas que nos ayudan a ir de un lugar a otro.

HERRERO

Los herreros trabajan diferentes metales para convertirlos en objetos útiles. Las verjas de hierro forjado, los ornamentos de metal y algunos muebles son hechos por herreros. ¡Los herreros deben ser buenos artistas!

INGENIERO(A)

Hay muchos tipos de ingenieros. Los ingenieros civiles diseñan puentes, como el Golden Gate Bridge. Los ingenieros mecánicos hacen máquinas, como autos y aviones. Los ingenieros electrónicos crean dispositivos, como teléfonos móviles.

JUEZ(A)

Un juez decide si alguien acusado de cometer un delito es inocente o no. Los jueces deben saber muy bien cómo funcionan las leyes de su estado. Para ser juez necesitas aprender sobre leyes.

KARATECA

Los karatecas practican karate, un arte marcial. Antes, el karate se usaba para defenderse de enemigos sin tener que usar armas. Ahora, es un deporte muy popular. Los mejores karatecas participan en las Olimpiadas y otros torneos.

LOCUTOR(A)

Los locutores son las personas que dirigen los programas de radio. Hace muchos años, cuando no había televisión ni Internet, la gente se sentaba a escuchar las noticias en la radio.

MAQUILLISTA

Los maquillistas pintan las caras de los actores para que en las películas de terror parezcan monstruos. Maquillan a modelos y artistas para que luzcan bien en la televisión. ¡En Egipto se usaba maquillaje hace más de 5000 años!

MAESTRO(A)

Si te gusta enseñar a otros, podrías ser maestro. Los maestros no solo dan clases, también preparan y califican exámenes y estudian las lecciones diariamente. Barbara Morgan fue la primera maestra en ir al espacio.

NADADOR(A)

Los nadadores son personas que practican la natación. Michael Phelps es un nadador famoso. ¡Él ha ganado 14 medallas de oro en las Olimpiadas! Michael comenzó a practicar este deporte cuando tenía 7 años.

ALBAÑIL

Los albañiles trabajan con cemento. Ayudaron a construir tu casa, tu escuela, ¡y todos los edificios que ves a tu alrededor! Los albañiles tardan de 3 a 5 meses en construir una casa para una familia.

OCULISTA

Los oculistas ayudan a curar las enfermedades de los ojos. Un oculista puede decirte si tu vista es buena o te puede decir que necesitas anteojos para ver bien. ¡Casi 150 millones de personas en Estados Unidos usan anteojos!

PAYASO(A)

Si te gusta hacer reír a la gente, ¡puedes ser payaso algún día! Los payasos trabajan en circos, en televisión o van a fiestas para divertir a la gente. Hay escuelas para payasos, pero la mayoría aprende practicando.

QUÍMICO(A)

Los químicos estudian de qué están hechas las cosas. Ellos crean medicinas, limpiadores de pisos y muchas cosas útiles. La química Marie Curie fue la primera persona en recibir dos Premios Nobel.

REPORTERO(A)

Los reporteros investigan lo que sucede cada día para darlo a conocer a la gente. Las noticias que ves en la tele son escritas por reporteros. Algunos reporteros viajan a lugares lejanos para investigar lo que pasa ahí.

SECRETARIO(A)

Las secretarias contestan las llamadas telefónicas, redactan documentos, organizan la agenda y las reuniones de la oficina y más. ¡En Estados Unidos hay más de 4 millones de secretarias!

TÉCNICO EN RAYOS X

Los técnicos en rayos X toman "fotografías" de tus huesos con máquinas especiales. Con estas fotos, los doctores pueden ver si tus huesos están sanos.

UNIVERSITARIO(A)

Los universitarios son los alumnos que estudian en la universidad al terminar la preparatoria. California es el estado con más universidades; tiene casi 400.

VETERINARIO(A)

Los veterinarios ayudan a prevenir y curar las enfermedades de los animales. La mayoría trata a mascotas, como perros y gatos. Otros veterinarios trabajan en granjas o zoológicos donde tratan a los elefantes, las vacas, los tigres y más.

WINDSURFISTA

Los windsurfistas practican el deporte de *windsurfing*, que consiste en tratar de mantenerse en la superficie de las olas del mar con un aparato parecido a un velero. ¡El primer aparato para practicar *windsurfing* se construyó en 1970!

XILOFONISTA

Los xilofonistas son músicos que tocan el xilófono, un instrumento que tiene varias teclas separadas que producen sonidos diferentes al golpearlas. Este instrumento es muy antiguo. ¡Existe desde hace más de 2000 años!

YUDOCA

Los yudocas practican yudo que, como el karate, es un arte marcial. El yudo comenzó en Japón en el siglo XIX. Su nombre en japonés significa "ciencia de la suavidad".

ZAPATERO(A)

Los zapateros se dedican a hacer o arreglar zapatos. Antes, los zapateros hacían zapatos en talleres pequeños. Hoy en día, casi todos los zapatos se hacen en fábricas muy grandes.

Para obtener los mejores libros en español, inglés o bilingües dedicados a
cubrir varias materias del currículo de educación primaria, secundaria y universitaria
o para proponernos sus proyectos de publicación,
favor de escribir a:

Cambridge BrickHouse, Inc.
60 Island Street
Lawrence, MA 01840

www.BrickHouseEducation.com

Photography Credits: